AF190359

Tauchen mit Nitrox
Theorie für Sporttaucher

- Ein praxisbezogenes Lehrbuch -

Nitrox 1

inkl. Fragenkatalog

1. Auflage

Tauchen mit Nitrox

Autor Karsten Reimer

Bibliografische Information der Deutschen Nationalbibliothek:

Die Deutsche Nationalbibliothek verzeichnet diese Publikation in der Deutschen Nationalbibliografie; detaillierte bibliografische Daten sind im Internet über http://dnb.dnb.de abrufbar.

1. Auflage März 2023

Alle Abbildungen aus dem aktuellen Lehrmaterial der International Diving Association IDA und mit freundlicher Genehmigung der entsprechenden Firmen und Rechteinhaber.

Autor Karsten Reimer

Herstellung und Verlag:

BoD – Books on Demand, Norderstedt

ISBN 9783748182856

Alle in diesem Buch enthaltenen Angaben wurden von mir nach bestem Wissen und basierend auf jahrzehntelanger Erfahrung in der Ausbildung von Sporttauchern und Tauchsportlehrern erstellt. Da aber auch ich „nur" ein Mensch bin, können sich natürlich immer Fehler eingeschlichen haben, obwohl ich dieses Buch von vielen anderen Fachleuten mehrfach habe Korrektur lesen lassen. Somit kann ich zumindest einen Teil der Schuld auf andere abschieben, wenn dieses Buch trotz allem Fehler enthalten sollte. Ich bin mir sehr sicher, dass dieses Buch keine gravierenden Fehler enthält und somit keine Tauchunfälle provozieren kann. Trotzdem lehne ich jegliche Haftung, Verpflichtung oder Garantie ab, sollte es aufgrund der Lektüre meines Buches oder aufgrund eventueller Unrichtigkeiten in diesem Buch, zu einem Unfall kommen. Ich empfehle Ihnen daher dringend, dieses Buch lediglich begleitend und im Rahmen einer professionellen Tauchausbildung durch einen professionell ausgebildeten und von einem anerkannten Verband **(CMAS oder R.S.T.C.)** lizenzierten Tauchlehrer zu nutzen. Auch wenn es in einigen Ländern keine gesetzlichen Vorgaben für Sporttaucher gibt, sollten Sie sich ohne professionelle Hilfe nicht mit dem Drucklufttauchgerät oder einem Nitrox-Gasgemisch unter Wasser begeben. Geschützte Warennamen oder Warenzeichen bzw. Markenzeichen und Logos sind nicht immer speziell gekennzeichnet. Aus dem Fehlen solcher Hinweise kann also nicht geschlossen werden, dass es sich um einen freien Markennamen, ein freies Warenzeichen oder ein freies Firmenlogo handelt. Vergewissern Sie sich unbedingt vorher, bevor Sie einen Markenrechtsverstoß begehen, denn das könnte sehr teuer für Sie werden. Nicht alle Unternehmen nehmen derartiges klaglos hin und gerade amerikanische Firmen erstreiten oftmals Geldstrafen in astronomischer Höhe.

Vorwort

Dieses Buch ist eine Anleitung zur Erlangung der theoretischen Kenntnisse, die notwendig sind, um die Prüfung für das Brevet Nitrox 1 zu bestehen. In diesem Buch wird zur Vereinfachung des Schreibens die männliche Anrede verwendet. Das heißt selbstverständlich nicht, dass nur Männer tauchen dürfen bzw. können. Es gibt sogar Stimmen in der „Tauchszene", die behaupten, dass Frauen die besseren Taucher(-innen) sind.

Im Hinblick auf die oftmals unverantwortliche Risikobereitschaft meiner männlichen Zeitgenossen ist das eine These, die ich durchaus unterschreiben würde.

Obwohl ☺

Taucher sind Männer, die unter Wasser oder in unatembarer Luft leben und arbeiten können.
Taucher sind Männer großer Muskelkraft, mit gesunden Organen. Es gibt keinen zweiten Beruf, der so hohe Anforderungen an körperliche Leistungsfähigkeit stellt wie sie der Beruf des Tauchers - nicht nur gelegentlich - verlangt. Das Tragen der fast 100 kg schweren Rüstung außerhalb des Wassers, oder die Fortbewegung dieser Masse beim Gehen unter Wasser, das Atmen unter rasch wechselndem Druck und, nicht zuletzt, anstrengendste Arbeiten unter nicht immer einwandfreier Luftversorgung, fordern athletische Muskulatur, gesunde Lunge, kräftiges Herz und einwandfreie Funktion aller Organe. Taucher sind Männer hoher geistiger Kräfte, von Verstand und einwandfreier Moral. Sie haben so vielseitigen Gefahren zu trotzen, dass an ihre Geistesgegenwart und Beobachtungsgabe höchste Anforderungen gestellt werden. Nützliche und schnelle Taucherarbeit zu leisten ist aber zugleich die eigentliche Kunst des Tauchers, die seine Tätigkeit erst wertvoll macht. Ein unbeirrbares Pflichtgefühl muss ihn antreiben, unter Hergabe aller Kräfte des Körpers und Geistes für schnellste und trefflichste Lösung der gestellten Aufgabe zu sorgen.

Handbuch für Taucher
Hermann Stelzner
Direktor und Oberingenieur des Drägerwerks
*Lübeck **1931***

1931 mag es so gewesen sein. Heutzutage ist das Tauchen jedermann und jederfrau möglich. Die Gesundheit ist allerdings nach wie vor eine wichtige Voraussetzung. Also begeben Sie sich vor Ausbildungsbeginn in die Hände eines Arztes und lassen Sie sich bescheinigen, dass Sie gesund genug sind, um den Tauchsport ausüben zu können.

Inhalt

Tauchen mit Nitrox

6.0 Tauchen mit Nitrox

Wenn wir es genau nehmen, tauchen wir schon immer mit Nitrox, nämlich mit Nitrox 21. Da die Zahl hinter dem Wort Nitrox die Prozentzahl des Sauerstoffanteils im Gasgemisch angibt. Nitrox ist ein Kunstwort, welches sich aus den beiden Hauptgasen, die dabei verwendet werden, zusammensetzt.

Stickstoff, auch **Nitr**ogenium genannt

und Sauerstoff, auch **Ox**ygenium genannt.

Im Ausland verwendet man meistens den Begriff **EAN oder EANx**, der für **E**nriched **A**ir **N**itrox steht.

Warum sollten wir, nach Möglichkeit, mit Nitrox tauchen?

Das Tauchen mit Nitrox erfreut sich seit über 20 Jahren steigender Beliebtheit und ist einer der am meisten gebuchten Lehrgänge weltweit. Man kann durch die Nutzung von Nitrox als Atemgas seine Tauchgänge länger ausdehnen oder aber, bei gleicher Tauchzeit wie mit normaler Druckluft und in Bezug auf die Stickstoffsättigung, sicherer tauchen. Auch bei mehreren Tauchgängen am Tag, sogenannten Wiederholungstauchgängen, zeigt sich ein positiver Effekt auf die Gesundheit, wenn mit Nitrox getaucht wird. Dieser Effekt beruht auf der Tatsache, dass wir, wenn wir mit Nitrox tauchen, weniger Stickstoff aufnehmen. Die normale Atemluft, mit der wir üblicherweise tauchen, enthält ca. 78 % Stickstoff und 21 % Sauerstoff. Beide Gase verhalten sich, je nach Umgebungsdruck, unterschiedlich und somit ändert sich deren Wirkung auf den menschlichen Körper, je nachdem wie hoch der Druck ist, dem wir uns aussetzen. Die Restgase (1%) (Edelgase, Kohlendioxid, Wasserdampf etc.) sind zu vernachlässigen.

Je niedriger der Stickstoffpartialdruck, also der Anteil des Stickstoffs am Gesamtgasgemisch, ist, je geringer ist die Gefahr einer Dekompressionskrankheit und die Gefahr eines Tiefenrausches. Wobei, nach neuesten Forschungen, das bisher immer angenommene reduzierte Risiko einen Tiefenrausch zu erleiden, scheinbar doch gleich dem Tauchen mit Druckluft ist. Da auch Sauerstoff, unter erhöhtem Druck eingeatmet, einen narkotisierenden Effekt hat und sich somit nur wenig von der Stickstoffnarkose (vulgo Tiefenrausch) unterscheidet. Aber dieser Effekt ist zur Zeit lediglich theoretischer Natur, denn empirische Untersuchungen gibt es bisher noch nicht.

Andererseits bestimmt jedoch der Anteil des Sauerstoffs in unserem Gasgemisch, die maximale Tiefe die wir aufsuchen dürfen. Je höher der Sauerstoffanteil ist, desto geringer ist die Tauchtiefe mit dem entsprechenden Gemisch. Wenn Sie diese Theorielektion verinnerlicht und bei ihrem Tauchlehrer den Lehrgang Nitrox 1 erfolgreich absolviert haben, dürfen Sie mit einem maximalen Sauerstoffanteil von 40 % im verwendeten Gemisch tauchen.

Wenn Sie dann Freude daran gefunden haben, mit verschiedenen Gasen zu tauchen, können Sie viele verschiedene Lehrgänge, die unsere IDA Tauchlehrer anbieten, besuchen.

IDA Nitrox* / Nitrox EAN 22-40

IDA Nitrox ** / Nitrox Advanced - max. 40 m - gas change to 100 % O_2

Gas Blender Nitrox only and Gas Blender all gases (Gase selbst mischen)

SCR (Halbgeschlossenes Kreislaufgerät)

Triox / Limited Trimix - max. 45 m - min 21 % O_2

Trimix* / Trimix max. 60 m - min 18 % O_2

Trimix ** / Trimix Advanced max. 90 m – gas no limits

Nitrox-Tauchlehrer 1

Nitrox-Tauchlehrer Advanced (Nitrox-TL)

Nitrox-Tauchlehrer-Prüfer (Nitrox-TLP)

Trimix-Tauchlehrer – Trimix Advanced Tauchlehrer

Trimix-Tauchlehrer-Prüfer

Aber wir fangen jetzt erst einmal ganz langsam an.

Wenn wir beginnen, mit einem anderen Gas als mit normaler Atemluft zu tauchen, kommen auch neue Begriffe auf uns zu, die den unterschiedlichen Zusammensetzungen von Nitrox geschuldet sind.

Auf dieser Seite haben wir diese zusammengefasst und erklärt.

EAN	Enriched Air Nitrox	=	Angereicherte Luft

oder

EANx	Enriched Air Nitrox	=	Angereicherte Luft
MOD	Maximum Operating Depth	=	Maximale Tauchtiefe
MOP	Maximum Operating Pressure	=	Maximaler Gasdruck
EAD	Equivalent Air Depth	=	Äquivalente Lufttiefe
EAP	Equivalent Air Pressure	=	Äquivalenter Absolutdruck
Best Mix		=	Optimales Gasgemisch
OTU	Oxygen Tolerance Unit	=	Tolerierte O_2 Einheiten
CNS	Central Nervous System	=	Zentrales Nerven System
CNS O_2%		=	Relative Toxizität des O_2 für das CNS
NOAA	National Oceanic and Atmospheric Administration (USA)		

Hier einige Beispiele von üblichen Nitroxzusammensetzungen:

Nitrox 32 = 32% O_2 + 68% N_2 = **EAN 32**

Nitrox 36 = 36% O_2 + 64% N_2 = **EAN 36**

Nitrox 40 = 40% O_2 + 60% N_2 = **EAN 40**

IDA empfiehlt einen maximalen Sauerstoffpartialdruck (ppO₂)
von 1,4 bar (pp steh für partial pressure also Partialdruck / Teildruck)

Daher ergeben sich aus dem Sauerstoffanteil im Gasgemisch automatisch die maximalen Tauchtiefen.

32 % gleich 0,32 bar ppO_2 an der Wasseroberfläche.

36 % gleich 0,36 bar ppO_2 an der Wasseroberfläche.

40 % gleich 0,40 bar ppO_2 an der Wasseroberfläche.

Ausgehend von einem maximalen Sauerstoffpartialdruck (Gasteildruck) von 1,4 bar kommen wir auf folgende Wassertiefen. Wir dividieren die 1,4 bar ppO_2 durch den Sauerstoffteildruck an der Wasseroberfläche und erhalten dann den max. Sauerstoffteildruck in der Tiefe und können die maximale Tauchtiefe davon ableiten.

Nitrox 32 (NOAA Nitrox 1) = 4,38 bar entspricht 33,8 Meter

Nitrox 36 (NOAA Nitrox 2) = 3,9 bar entspricht 29 Meter

Nitrox 40 = 3,5 bar entspricht 25 Meter

Nitrox 50 (Safe air) = 2,8 bar entspricht 18 Meter

 Achtung, nicht immer steht der Sauerstoffanteil des Gasgemisches an erster Stelle. Es ist immer notwendig, das Gemisch vor der Benutzung zu analysieren.

 Zudem haben andere Organisationen auch andere Standardgasgemische.

Also müssen Sie vor jedem Tauchgang unbedingt <u>selbstständig</u> den Sauerstoffanteil des verwendeten Gemisches prüfen! Stellen Sie sicher, dass ihr Tauchgerät, nach der Sauerstoffanalyse, nicht vertauscht wird.

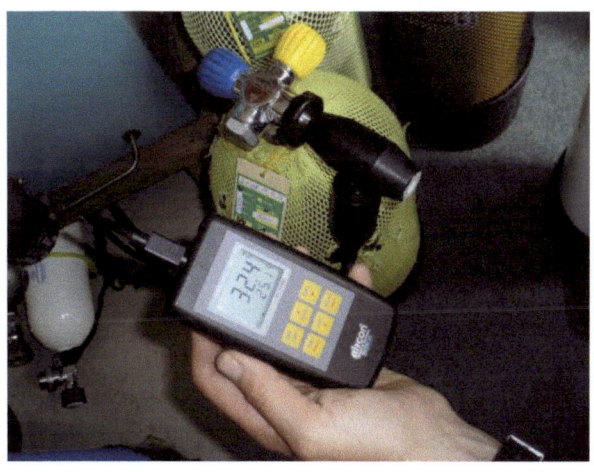

Die vorherige Analyse ergibt einen Sauerstoffanteil von 32,4 %!

Also Nitrox 32!

Das Gasgemisch sollte stets so exakt wie möglich gemischt werden und die Differenz zum berechneten Gas, sollte immer so gering wie möglich sein, immer aber **unter 1 %** liegen, größere Differenzen können zu Unfällen oder sogar zum Tode führen. Lassen Sie sich in das Analysegerät einweisen, wenn Sie kein eigenes haben, mit dem Sie Erfahrung gesammelt haben. Kontrollieren Sie den Sauerstoffgehalt ihrer Atemluft immer selbst!

Was ist Sauerstoff?

Sauerstoff (O_2)

- ist ein farb- und geruchloses Element

- ist ein Molekül in Doppelbindung

- Siedepunkt: -183° C

- Dichte: 1,429 Kg/m^3

- ist in reiner Form nicht brennbar

- ist für den Verbrennungsvorgang notwendig

- wirkt als Oxydator

- wirkt mit zunehmender Konzentration als Brandbeschleuniger

Was ist Stickstoff?

Stickstoff (N_2)

- ist ein farb- und geruchloses Element

- ist ein Molekül in Doppelbindung

- Siedepunkt: -194,6° C

- Dichte: 1,25 Kg/m^3

- geht als "Inertgas" kaum biochemische Verbindungen ein

Was ist Kohlendioxid?

Kohlendioxyd (CO_2)

- ist eine Verbindung von 1 Atom C und 2 Atomen O_2

- ist farb- und geruchlos

- ist in Flüssigkeiten gut lösbar

- Siedepunkt: -78,5° C

- Dichte: 1,977 Kg/m^3

Gase und ihre Einsatzgrenzen!

Sauerstoff

Minimaler ppO_2 = 0,16 bar

Maximaler ppO_2 = 1,4 bar

Stickstoff

Ab ca. 3,2 bar ppN_2 ist mit verstärkt auftretenden Narkosesymptomen (Tiefenrausch) zu rechnen.

Kohlendioxid

Maximaler $ppCO_2$ 0,05 bar im arteriellen Blut (ab 0,06 bar $ppCO_2$ ist mit Hyperkapnie zu rechnen und es kann zu einer CO_2 Narkose kommen) (Hyperkapnie bedeutet zu viel Kohlendioxid im Blut)

Die Gasteildrücke in der Wassertiefe können ganz einfach berechnet werden, indem der Partialdruck des einzelnen Gases an der Wasseroberfläche, mit dem Umgebungsdruck in der Tiefe multipliziert wird.

Beispiel

32 % Sauerstoff entspricht einem Gasteildruck (Partialdruck, ppO_2) von 0,32 bar

In 20 Metern Wassertiefe herrscht ein Umgebungsdruck von 3,0 bar.

Also multiplizieren wir den Umgebungsdruck nun mit dem Gasteildruck und kommen somit auf den Gasteildruck, der in dieser spezifischen Tiefe herrscht.

0,32 bar ppO_2 x 3,0 bar = 0,96 bar ppO_2

Unser Sauerstoffteildruck auf einer Wassertiefe von 20 Metern beträgt also 0,96 bar. Also vollkommen unkritisch.

Wir wissen, dass wir einem maximalen Sauerstoff-Gasteildruck von 1,4 bar haben dürfen. Also können wir 1,4 bar durch 0,32 bar teilen und kommen dann auf den maximal erlaubten Umgebungsdruck.

1,4 bar geteilt durch 0,32 bar ergibt 4,375 bar

Diese 4,375 bar sind der maximale erlaubte Umgebungsdruck bei einem Sauerstoffanteil von 32 %.

4,375 bar Umgebungsdruck haben wir in einer Wassertiefe von 33,75 Metern. (Die 1,0 bar Luftdruck an der Oberfläche müssen wir subtrahieren, also 3,375 bar Wasserdruck)

Somit ergibt sich eine maximale erlaubte Tauchtiefe von 33,75 Metern bei einem Sauerstoffanteil von 32 %!

Diese Rechnung kann für jedes Gasgemisch verwendet werden.

Wer möchte, kann auch die folgende Formel verwenden.

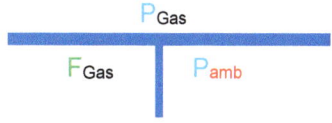

P_{Gas} steht für den Partialdruck des Gases.

F_{Gas} steht für den prozentualen Anteil des Gases.

P_{amb} steht für den Umgebungsdruck.

F kommt aus dem Englischen und steht für fraction (Anteil).

amb kommt auch aus dem Englischen und steht für ambient, was Umgebung bedeutet.

P steht generell für pressure, natürlich auch aus dem Englischen und es bedeutet Druck.

Diese Formel ist eine Gedächtnishilfe zur Erlangung der einzelnen Drücke. Sie sagt aus, dass Sie die einzelnen Faktoren entweder multiplizieren oder dividieren müssen, um an den gesuchten Wert zu gelangen.

Partialdruck: F_{Gas} x P_{amb} ergibt P_{Gas}

Umgebungsdruck: P_{Gas} geteilt durch F_{Gas} ergibt P_{amb}

Gasanteil: P_{Gas} geteilt durch P_{amb} ergibt F_{Gas}

Wenn Sie nun die gesuchte Größe in der Formelskizze auf der vorherigen Seite verdecken, ergibt sich aus den offenliegenden Zahlen das Ergebnis. Diese Vorgehensweise müssen Sie natürlich nur dann anwenden, wenn Sie ihre Gase selbst mischen und damit tauchen gehen wollen. Wenn Sie auf irgendeiner Tauchbasis dieser Welt mit Nitrox tauchen gehen, genügt es, wenn Sie den Inhalt ihres eigenen Tauchgeräts vor dem Tauchgang analysieren. Und wenn der Sauerstoffanteil dann nicht stimmt, lassen Sie sich eine andere Tauchflasche geben. Aber auch diese prüfen Sie dann wieder, bitte.

Nun ein paar Proberechnungen zum Verständnis.

1. Der maximale Sauerstoffpartialdruck soll 1,4 bar sein. Das Gemisch soll 28 % Sauerstoffanteil haben. Welcher maximale Umgebungsdruck wäre zulässig?

Wir suchen also P_{amb}

Umgebungsdruck: P_{Gas} geteilt durch F_{Gas} ergibt P_{amb}

$$\frac{1,4 \text{ bar}}{0,28} = 5 \text{ bar}$$

5 bar herrschen in einer Wassertiefe von 40 Metern!

2. Gleiche Werte aber nun suchen wir den Sauerstoffanteil.

Gasanteil: P_{Gas} geteilt durch P_{amb} ergibt F_{Gas}

$$\frac{1,4 \text{ bar}}{5 \text{ bar}} = 0,28 \text{ entspricht also 28% Sauerstoffanteil.}$$

3. Wiederum die gleichen Werte aber nun möchten wir den Partialdruck errechnen.

Partialdruck: F_{Gas} x P_{amb} ergibt P_{Gas}

0,28 x 5 bar = 1,4 bar

Und so können Sie, wenn Sie es möchten, alle notwendigen Werte errechnen.

MOD

steht für Maximum Operating Depth und kennzeichnet die maximal erlaubte Tauchtiefe mit einem spezifischen Gemisch.

Um die MOD zu errechnen müssen wir zuerst den

MOP

errechnen. MOP steht für Maximum Operating Pressure und kennzeichnet den maximal erlaubten Umgebungsdruck.

Wir rechnen mal einen Probetauchgang mit 36 % Sauerstoffanteil durch.

Maximaler Sauerstoffteildruck darf 1,4 bar sein, das haben wir nun verinnerlicht.

36 % Sauerstoffanteil ist ebenfalls vorgegeben.

$$\frac{1,4 \text{ bar}}{0,36} = 3,89 \text{ bar}$$

3,89 bar ist also der **MOP**

Da wir ja wissen, dass wir immer 1 bar Oberflächendruck subtrahieren müssen, um an den reinen Wasserdruck zu kommen, ziehen wir jetzt 1 bar von den 3,89 bar ab und bekommen somit 2,89 bar.

2,89 bar Wasserdruck haben wir in einer Tiefe von 28,9 Metern. Somit ist 28,9 Meter unsere MOD. Tiefer sollten wir mit dem Gemisch nicht tauchen.

Und nun halten Sie sich einfach an die Tiefenvorgaben auf der Seite 4 und bleiben innerhalb der Nullzeiten, dann sind Sie gleich zweifach auf der sicheren Seite. Und selbst, wenn Sie einmal in die Verlegenheit kommen, dekomprimieren zu müssen, sind Sie, wenn Sie mit Nitrox tauchen, immer noch auf der sicheren Seite. Da Sie ja weniger Stickstoff in ihrem Atemgasgemisch haben aber trotzdem nach einer Tabelle (z. Bsp. Deko 2000) dekomprimieren, die von einem höheren Stickstoffanteil ausgeht.

Vorteile von Nitrox

Theoretisch könnten Sie, wenn Sie die entsprechenden Berechnungen geübt haben, die Nullzeiten auf einer spezifischen Tauchtiefe verlängern (Stichwort EAD). Das macht beim normalen Tauchen im Urlaub aber wenig Sinn, denn dann erhöhen Sie die Gefahr eines Dekompressionsunfalles und „verspielen" den Vorteil von Nitrox. Nämlich die größere Sicherheit vor einem Dekompressionsunfall.

Gleiches gilt für die Dekompressionszeiten, die Sie, theoretisch, verkürzen könnten, wenn Sie die entsprechenden Berechnungen durchführen.

Durch den verringerten Stickstoffgehalt ihrer Atemluft verringern Sie die Gefahr der Bildung von Mikroblasen. Mikroblasen sind, wie der Name schon sagt, mikroskopisch kleine Gasblasen, die sich eigentlich bei jedem Tauchgang bilden aber keine Schäden verursachen, wenn wir innerhalb der Nullzeit bleiben bzw. ordnungsgemäß dekomprimieren.

Bedingt durch den geringeren Stickstoffgehalt ihrer Atemluft ist natürlich auch die Belastung ihres Körpers durch den Stickstoff geringer. Somit ist die Gefahr des Tiefenrausches, zumindest theoretisch, verringert und zudem die Gefahr, einen Dekompressionsunfall zu erleiden.

Außerdem gibt es Taucherinnen und Taucher, die sich nach dem tauchen, oftmals erst nach dem zweiten Tauchgang, frischer und weniger erschöpft fühlen, wenn Sie mit Nitrox getaucht sind.

Für Vieltaucher, also Urlaubstaucher im Tauchrausch oder Diveguides und Tauchlehrer, ist Nitrox das Gemisch der Wahl.

Nachteile von Nitrox

Was Vorteile hat, hat erfahrungsgemäß leider auch Nachteile. Das gilt natürlich auch für Nitrox.

- Aufgrund des erhöhten Sauerstoffanteils ist die Belastung des zentralen Nervensystems des Menschen auch höher. Wenn Sie sich strikt an die Tiefenvorgaben halten und diese nicht überschreiten, kann ihnen jedoch nichts geschehen. Aber es darf auch nicht verschwiegen werden, dass es Menschen gibt, die trotzdem Probleme mit dem erhöhten Sauerstoffanteil bekommen. Dieses kommt nur sehr selten vor und außerdem kann man/frau sich an den erhöhten Sauerstoffanteil auch gewöhnen. So wie Reinhold Meßmer sich daran gewöhnt hat, ohne Sauerstoff auf den Mount Everest zu steigen. Sollten ihnen jedoch unwohl sein, wenn Sie mit Nitrox tauchen, verlassen Sie das Wasser und tauchen lieber wieder mit Druckluft. Wenn Sie der Ursache auf den Grund gehen möchten, können Sie zu einem Spezialisten gehen und sich dort einer Sauerstoffverträglichkeitsprüfung unterziehen. Diesen Test bezahlt aber leider nicht die Krankenkasse. Aber wie gesagt, so etwas passiert nur äußerst selten.

- Mit Nitrox dürfen Sie nicht so tief tauchen wie mit Druckluft. Siehe Seite 4.

- Ihre Ausrüstung, insbesondere die Ventile und die Lungenautomaten müssen „Sauerstofffrein" sein, das heißt es müssen spezielle Dichtungen verwendet werden und es darf kein Fett benutzt werden. Sauerstoff und Fett (Silikonfett etc.) sind natürliche Feinde und wenn sie zusammenkommen, kann es ziemlich laut werden.

- Sauerstoff fördert die Verbrennung (Oxidation).

- Die Füllstation muss speziell ausgelegt sein.

- Die Füllkosten sind erhöht, zumindest für den Basenbetreiber.

- Der Tauchgang muss sehr sorgfältig geplant und berechnet werden. Die MOD muss eingehalten werden. Auch wenn mein immer wieder gern zitierter Goldschatz unter ihnen liegt, dürfen Sie unter keinen Umständen tiefer tauchen, als die MOD es zulässt.

- Mit ihrem speziellen Nitroxtauchgerät dürfen sie nicht zu einer „normalen" Druckluftfüllstation gehen, da es dort keine absolut fett- und ölfreie Luft gibt. Auch wenn es sich um extrem geringe Ölanteile im Luftgemisch handelt, kann es dazu kommen, dass sich diese geringen Anteile im Laufe der Zeit addieren und dann, wenn mit reinem Sauerstoff gefüllt wird, explodieren.

14

- Es muss/sollte immer mit einem Nitroxtauglichen Tauchcomputer getaucht werden und dort muss der max. Sauerstoffteildruck (1,4 bar) und das verwendete Gemisch (EAN 32 oder EAN 36) immer vor dem Tauchgang eingegeben bzw. überprüft werden.

- In einige Ländern der EU ist ein spezielles Lungenautomatenanschlussgewinde (M26 x 2) vorgeschrieben.

- Die verwendeten Utensilien (Lungenautomat, Tauchgerät, Inflatoren) müssen einmal im Jahr überprüft und gereinigt werden, um eine Fett- oder Ölanreicherung zu erkennen und zu beseitigen.

- Sie können generell mit ihrem Nitroxgemisch auch im Bergsee tauchen gehen (Altitude Diving), also in Höhen ≥ 300 Meter. Da es dazu jedoch noch keine validierten Daten gibt, sollten Sie so tauchen, als ob Sie mit Druckluft unterwegs wären.

Die NOAA (National Oceanic and Atmosperic Administration) der USA sagt, dass wir unsere normale Ausrüstung, ohne jede Modifikation, bis zu einem Sauerstoffanteil von 40 % im Atemgasgemisch, benutzen können. Diese Richtlinie wird in den Vereinigten Staaten seit vielen Jahren angewandt und hat sich bewährt. In Europa gibt es jedoch auch andere Meinungen. In Deutschland ist zum Beispiel jedes Gasgemisch, welches über mehr als 21 % Sauerstoffanteil verfügt, wie reiner Sauerstoff zu behandeln. Es darf jedoch nicht verschwiegen werden, dass beim Füll- und Mischvorgang, wenn nach der Partialdruckmethode gefüllt wird, Explosionen möglich sind, wenn sich Öle und/oder Fette, die nicht Sauerstoffkompatibel sind, an oder in dem Tauchgerät befinden. Bei der Partialdruckfüllmethode wird mit reinem Sauerstoff (100 %) gearbeitet. Daher dürfen nur Sauerstoffreine Tauchgeräte nach dieser Methode gefüllt werden.

Medizinische Aspekte beim Tauchen mit Nitrox

Was geschieht nun, wenn wir die **MOD** (Maximum Operating Depth, maximale Tauchtiefe bei Verwendung des spezifischen Gasgemisches) überschreiten?

Wenn wir diese Tiefengrenze überschreiten kommt es zu einer **Hyperoxie**. Hyper bedeutet zu viel und Oxie steht für den Sauerstoff. Gemeint ist damit schlicht und einfach zu viel Sauerstoff. In diesem Fall zu viel Sauerstoffdruck. Wie bereits erwähnt, sollten wir einen Sauerstoffpartialdruck von über 1,4 bar vermeiden. Aber, wie es nun manchmal so ist, reizt uns das Risiko und wir schauen mal, wo denn unsere Grenzen liegen. Das ist vollkommen menschlich und daher oftmals dumm.

Paul Bert hat bereits im Jahre 1878 herausgefunden, dass sich Sauerstoff, unter erhöhtem Druck geatmet, giftig auf den Körper auswirkt. Dieser erhöhte Sauerstoffpartialdruck hat eine narkotische Wirkung auf das Zentrale Nerven System (ZNS oder auf Englisch CNS). Dieser Effekt wird zu Ehren des Herrn Bert auch Paul-Bert-Effekt genannt.

Was passiert nun konkret mit uns, wenn wir den Sauerstoff mit einem Partialdruck von mehr als 1,4 bar einatmen?

Es geschehen zeitgleich zwei Dinge mit unserem Körper.

Symptom Nr. 1

Störungen im zentralen Nervensystem (ZNS) Paul-Bert-Effekt

Stichwort MAUSI

Nein, das ist kein Kosename für die Auswirkungen, sondern eine Abkürzung, die besonders Tauchlehrerassistenten bei ihrer Tauchlehrerprüfung schätzen, denn sie hilft, die Auswirkungen des erhöhten Sauerstoffpartialdrucks auf das Nervensystem (ZNS-Zentrales Nervensystem) aufzuzählen.

Neurotoxische Auswirkungen der Hyperoxie

M - Muskelzittern, Zuckungen und Krämpfe

A - Augenstörungen, Sehstörungen

U - Unwohlsein, Übelkeit

S - Sinnestäuschungen, Verwirrtheit, metallischer Geschmack

I - Innenohrstörungen, Ohrgeräusche

Sollten wir das selber merken, ist es nötig, sofort um mehrere Meter aufzusteigen. Am besten ist es dann das Wasser zu verlassen, nachdem der Sicherheitsdekostopp durchgeführt wurde. **Fazit:** Achten Sie unbedingt darauf, auch und gerade bei der Verwendung von Nitrox, die 1,4 bar Sauerstoffpartialdruck niemals zu überschreiten.

Die allgemeine Sauerstofftoleranzgrenze beim Menschen liegt, bei einem Sauerstoffpartialdruck von 1,82 bar und einer Expositionszeit von einer Minute. Für uns Sporttaucher ist das weniger wichtig aber der Kollege, der die Druckkammer bedient, wenn wir uns mal verrechnet haben, sollte das wissen. (Druckkammerbehandlungen beginnen in der Regel mit 100% Sauerstoff auf 18 Meter simulierter Wassertiefe. Der Patient liegt und bekommt 20 Minuten reinen Sauerstoff und dann folgt eine 5 Minütige Sauerstoffpause. Das Problem mit dem Krampfanfall nimmt man in Kauf, denn in der Regel hat der Patient größere Probleme als einen Krampfanfall in einer kontrollierten Umgebung. Anmerkung vom Druckkammerfahrer).

Symptom Nr. 2

Der Lungeneffekt, auch Lorraine-Smith Effekt genannt.

Sauerstoff ist ein sehr reaktionsfreudiges Gas und hat unter erhöhtem Druck und langer Einwirkzeit die Eigenschaft die Lungenbläschen (Alveolen) zu schädigen. Symptome dieser Sauerstoffüberdruckeinwirkung sind:

- Schädigung des Lungengewebes (Alveolen)

- Reizungen der Rachenschleimhaut

- Brennen und Stechen in den Augen

- Unstillbarer Husten

- Evtl. Bewusstlosigkeit

- Hypoxie (Sauerstoffmangel) aufgrund der Schädigung der Alveolen

Im schlimmsten Falle kann der erhöhte Sauerstoffpartialdruck ein Platzen der Lungenbläschen zur Folge haben. Dadurch wird die Lungenoberfläche, die für den Gasaustausch unerlässlich ist, reduziert, was eine reduzierte Sauerstoffannahme und eine reduzierte Kohlendioxidabgabe zur Folge hat. Bei Nichtbeachtung dieser „Fähigkeit" des Sauerstoffs kann es soweit kommen, dass die wirksame Lungenoberfläche so stark reduziert wird, dass der Betroffene erstickt.

Und wenn Sie jetzt glauben, dass Sie **unendlich lange tauchen können solange Sie nur die 1,4 bar Sauerstoffpartialdruck nicht überschreiten**, liegen Sie leider falsch. Zumindest aus ärztlicher Sicht. Aber die Zeit, die Sie unter diesem Druck verweilen dürfen, ohne Schaden zu nehmen, liegt bei **153 Minuten** und vorher wird ihnen mit an Sicherheit grenzender Wahrscheinlichkeit kalt oder Sie bekommen Durst. Stichwort OTU.

Was bedeutet OTU?

Oxygen Tolerance Unit (Früher Oxygen Toxicity Unit), abgekürzt OTU, ist ein Wert der die erlaubten Sauerstoff Einheiten angibt. Eine Einheit setzt sich zusammen aus der Menge (Partialdruck) des Sauerstoffs im Atemgasgemisch und dem Druck (Umgebungsdruck) unter dem wir dieses Gemisch einatmen. Beide Werte addieren sich zur OTU und zeigen uns, laut Tabelle, an, wie viele Einheiten wir gefahrlos konsumieren können.

Sie können zum Beispiel ein Atemgasgemisch mit einem geringen Sauerstoffanteil und bei einem geringen Umgebungsdruck über einen langen Zeitraum einatmen, ohne einen Schaden zu erleiden. Das sieht man/frau schon daran, dass wir die 21 % Sauerstoff, die in unserer normalen Atemluft enthalten sind, sehr lange, nämlich ein ganzes Leben lang, einatmen können, ohne übermäßige Schäden zu erleiden.

Erhöhen wir jetzt jedoch den Anteil des Sauerstoffs in unserer Atemluft auf sagen wir mal 50 %, dann ist die Zeit, die wir dieses Gemisch einatmen können ohne Schäden zu erleiden, erheblich kürzer. Erhöhen wir nun den Anteil des Sauerstoffs auf 100 % und atmen dieses Gas ein, kommt es und da sind sich die Mediziner scheinbar nicht wirklich einig, nach mehreren Tagen zu Schädigungen des Körpers.

Erhöhen wir aber nun den Druck, multiplizieren also nun das schädigende Potenzial des Sauerstoffs indem wir ihn komprimieren, also zum Beispiel abtauchen, reduziert sich die Zeit, die wir dieses Atemgas gefahrlos einatmen können, auf wenige Stunden oder sogar Minuten.

Merke: Je höher der Anteil des Sauerstoffs im Atemgasgemisch und je höher der Druck unter dem wir dieses Gemisch einatmen, umso schädigender ist dieses Gas für unseren Körper.

In der folgenden Tabelle können Sie ablesen, welchen Sauerstoffpartialdruck (PO_2 oder ppO_2) Sie gefahrlos atmen können und wie lange Sie das können. IDA empfiehlt immer unter 700 Einheiten (OTU) pro Tag zu bleiben. Zum CNS kommen wir später, aber auch hier sollten lediglich 80 % der erlaubten Sauerstoffaufnahme genutzt werden, um Schäden zu vermeiden. Wenn Sie nun einen längeren Tauchurlaub machen und während dessen täglich mit Nitrox tauchen, müssen Sie bedenken, dass sich die schädliche Wirkung des unter erhöhtem Druck geatmeten Sauerstoffs addiert. Aus diesem Grund reduziert sich der täglich tolerierbare OTU Wert mit jedem Tag. Ab dem 7. Tag sollten Sie unbedingt einen Tag Tauchpause einlegen. Zudem sollten Sie zwischen den einzelnen Tauchgängen am Tag mindestens eine Stunde Oberflächenpause einhalten. Dürfen Sie am ersten Tag noch 700 OTU's konsumieren, reduziert sich der maximal tolerierbare OTU-Wert für die folgenden Tage wie folgt:

2. Tag 620 OTU

3. Tag 525 OTU

4. Tag 460 OTU

5. Tag 420 OTU

6. Tag 380 OTU

7. Tag 300 OTU

Tauchpause

(unternehmen Sie auch mal etwas mit der Familie)

PO$_2$ (bar)	OTU (1/min.)	CNS (%/min.)	Tauchzeit max. (min.)
0,50	0,00	0,00	
0,60	0,26	0,14	714
0,64	0,35	0,15	666
0,66	0,39	0,16	625
0,68	0,43	0,17	588
0,70	0,47	0,18	555
0,74	0,54	0,19	526
0,76	0,58	0,20	500
0,78	0,62	0,21	476
0,80	0,65	0,22	454
0,82	0,69	0,23	434
0,84	0,73	0,24	416
0,86	0,76	0,25	400
0,88	0,80	0,26	384
0,90	0,83	0,28	357
0,92	0,87	0,29	344
0,94	0,90	0,30	333
0,96	0,93	0,31	322
0,98	0,97	0,32	312
1,00	1,00	0,33	303
1,02	1,03	0,35	285
1,04	1,07	0,36	277
1,06	1,10	0,38	263
1,08	1,13	0,40	250
1,10	1,16	0,42	238
1,12	1,20	0,43	232
1,14	1,23	0,43	232
1,16	1,26	0,44	227
1,18	1,29	0,46	217
1,20	1,32	0,47	212
1,22	1,35	0,48	208
1,24	1,38	0,51	196
1,26	1,42	0,52	192
1,28	1,45	0,54	185
1,30	1,48	0,56	178
1,32	1,51	0,57	175
1,34	1,54	0,60	166
1,36	1,57	0,62	161
1,38	1,60	0,63	158
1,40	1,63	0,65	153
1,42	1,66	0,68	147
1,44	1,69	0,71	140
1,46	1,72	0,74	135
1,48	1,75	0,78	128
1,50	1,78	0,83	120
1,52	1,81	0,93	107
1,54	1,84	1,04	96
1,56	1,87	1,19	84
1,58	1,89	1,47	68
1,60	1,92	2,22	45
1,62	1,95	5,00	20
1,65	2,00	6,25	16
1,67	2,03	7,69	13
1,70	2,07	10,00	10
1,72	2,10	12,50	8
1,74	2,13	20,00	5
1,76	2,15	25,00	4
1,78	2,18	33,33	3
1,80	2,21	50,00	2
1,82	2,24	100,00	1

IDA CNS / OTU Tabelle in Anlehnung an NOAA

Beispiel

Sauerstoffpartialdruck 1,4 bar.

Sie schauen nun in der Tabelle auf die linke Spalte und suchen die 1,4 bar PO$_2$. Diese finden Sie im rechten Block der Tabelle in der elften Zeile. Rechts daneben finden Sie die 1,63, die den OTU-Wert pro Minute bei diesem Partialdruck angeben. Ganz rechts in dieser Zeile finden Sie dann die Zeit in Minuten, die Sie mit diesem Sauerstoffpartialdruck maximal tauchen dürfen, nämlich 153 Minuten. Diese 153 Minuten zeigen die Zeit an, die Sie maximal bei diesem Sauerstoffpartialdruck während eines Tauchgangs tauchen dürfen.

Bleiben Sie nun bei diesem Sauerstoffpartialdruck (1,4 bar) lediglich 60 Minuten unter Wasser, multiplizieren Sie die 1,63 mit der Tauchzeit in Minuten

60 x 1,63 dann kommen Sie auf den OTU Wert 97,8

Somit liegen Sie deutlich unter den maximal zulässigen 700 OTU's pro Tag, die IDA empfiehlt.

Daher können Sie, ohne Probleme, einen weiteren Tauchgang mit diesem Partialdruck am selben Tag unternehmen. Zumal die Oberflächenpause einen weiteren positiven Effekt auf die Erholung des Körpers hat.

Reduzieren Sie nun den Sauerstoffpartialdruck erhalten Sie auch deutlich weniger OTU's pro Minute.

Beispiel

Atemgas Nitrox 34

Sauerstoffpartialdruck an der Oberfläche ist 0,34 bar.

Tauchtiefe max. 20 Meter ist gleich 3 bar Umgebungsdruck.

Tauchzeit soll 60 Minuten sein.

0,34 bar PO_2 x 3 bar entspricht einem Sauerstoffpartialdruck von

1,02 bar. Ein Blick in die Tabelle zeigt eine OTU von 1,03. In der rechten Spalte können wir nun die maximal mögliche Tauchzeit von 285 Minuten ablesen.

Für diesen Tauchgang müssen wir uns nun 1,03 mal der Tauchzeit in Minuten, also 60 Minuten anrechnen.

1,03 x 60 ist gleich 61,8 OTU

Also sind auch hier lediglich 61,8 OTU's anzurechnen.

Anhand dieser Berechnungen sehen Sie, dass Sie ohne rechnen zu müssen, mit einem Nitroxgemisch von 32 oder 36 % Sauerstoffanteil, quasi stundenlang unter Wasser verbleiben können, ohne dass Sie ihrem Körper einen Schaden zufügen.

Aber auch wenn der Maximalwert von ≤ 700 OTU's pro Tag in der Praxis kaum erreicht wird, sollten Sie diesen Wert trotzdem nie aus den Augen verlieren, Ihrer Gesundheit zuliebe.

Maximalgrenze O_2-Exposition											
O_2 – Partialdruck (bar)	1,6	1,5	1,4	1,3	1,2	1,1	1,0	0,9	0,8	0,7	0,6
Einzelexposition (min)	45	120	150	170	210	230	300	350	450	550	710
24 h – Exposition (min)	150	180	180	210	240	270	300	350	450	550	710

Aus obiger Tabelle ist ersichtlich bei welchem Sauerstoffpartialdruck Sie wie lange verweilen können, ohne Schäden an ihrem Körper zu verursachen.

Beispiel: Sauerstoffpartialdruck 1,4 bar.

Ein Tauchgang darf maximal 150 Minuten dauern. Innerhalb von 24 Stunden dürfen Sie maximal 180 Minuten lang einen Sauerstoffpartialdruck von 1,4 bar atmen. Zum Beispiel 3 Tauchgänge a 60 Minuten.

Nun hat Sauerstoff, unter erhöhtem Druck geatmet, auch einen negativen Effekt auf unser zentrales Nervensystem (ZNS), welchen wir ebenso beachten müssen. Auch dafür finden Sie in der Tabelle, genauer gesagt in der dritten Spalte, einen Wert. Dieser Wert gibt an, wieviel % der gesundheitlich verträglichen Dosis an hyperbarem Sauerstoff, also Sauerstoff mit einem erhöhten Partialdruck (Gasteildruck), Sie pro Minute einatmen dürfen, ohne ihrem zentralen Nervensystem Schaden zu zufügen.

Beispiel

Sauerstoffpartialdruck 1,4 bar

Sie schauen wieder in die linke Spalte und suchen dort die 1,4 bar Sauerstoffpartialdruck. Dann wandern Sie in derselben Zeile nach rechts, bis Sie in der dritten Spalte mit den CNS %/Minute gelandet sind.

Dort finden Sie die Zahl 0,65. Bitte merken.

Nun tauchen Sie ab und machen ihren Tauchgang bei einem Sauerstoffpartialdruck von 1,4 bar und bleiben 60 Minuten unter Wasser. Sie wissen, dass Sie laut Tabelle, pro Minute die Sie unter diesem Druck tauchen jede Minute mit dem Wert 0,65 multiplizieren müssen. Und Sie wissen, dass Sie nicht über 80 % pro Tauchtag kommen dürfen.

Rechnung 60 Minuten x 0,65 = 39 %

Beispiel

Nitrox 32

Nun tauchen Sie aber nicht mit einem Sauerstoffpartialdruck von 1,4 bar sondern nutzen Nitrox 32, mit einem Sauerstoffanteil von 32 % und gehen nicht so tief, dass die 1,4 bar Sauerstoffpartialdruck erreicht werden.

Nehmen wir an, Sie gehen maximal auf 20 Meter Wassertiefe und verbleiben dort 60 Minuten.

Mit Nitrox 32 haben Sie auf 20 Meter Wassertiefe einen Sauerstoffpartialdruck von 3 bar x 0,32 bar = 0,96 bar

Also schauen wir bei 0,96 bar in die Tabelle und finden dort die 0,32 unter CNS %/Minute.

Also multiplizieren wir nun die 60 Minuten mit dem Wert 0,32 und dann erhalten wir als Ergebnis 19,2.

Somit haben wir mit diesem Tauchgang 19,2 % der maximalen Sauerstoffaufnahme für diesen Tauchtag erreicht.

Rein theoretisch könnten wir also 4 Tauchgänge dieser Qualität an einem Tag durchführen, ohne eine Schädigung des Zentralen Nervensystems befürchten zu müssen.

Durch das Einhalten längerer Oberflächenpausen (OFP) können Sie zudem die Belastung ihres ZNS reduzieren.

Reduktionsfaktor bei Oberflächenpausen										
OFP (min)	0	30	60	90	120	150	180	240	300	360	540
CNS-Faktor	1	0,8	0,63	0,5	0,4	0,31	0,25	0,16	0,1	0,06	0

Dazu nehmen Sie die Zeit ihrer Oberflächenpause, sagen wir 2 Stunden (120 Minuten), und schauen dann auf den Faktor, der sich darunter befindet. Also 0,4. Gemäß des Tauchgangs oben hatten Sie eine ZNS Belastung von 19,2 % durch den vorherigen Tauchgang. Diese 19,2 % multiplizieren Sie nun mit der 0,4 und dann haben Sie als Ergebnis 7,68 %. Somit haben Sie die Belastung ihres ZNS von 19,2 % auf 7,68 % reduziert, weil Sie 2 Stunden Oberflächenpause gemacht haben. Das wirkt sich nun auf den nächsten Tauchgang aus, da ja pro Tag bis zu 80 % Gesamtsauerstoffaufnahme erlaubt ist. Aber ob Sie sich derart an der Grenze zu einer möglichen Schädigung bewegen möchten, können Sie nur selbst entscheiden.

Hier ein Tipp für alle, die keine Lust haben ständig auf Tabellen zu gucken und selbst zu rechnen. Bleiben Sie entweder stets bei ihrem Tauchlehrer/Tauchlehrerin, denn diese Fachleute wissen genau wie lange und wie tief Sie tauchen dürfen, ohne Schäden befürchten zu müssen. Oder investieren Sie in einen guten Tauchcomputer. Dort geben Sie dann lediglich die 1,4 bar Sauerstoffpartialdruckgrenze ein, wenn das nicht schon ab Werk geschehen ist und tippen ebenfalls den Sauerstoffgehalt ihres Gasgemisches ein. Den Rest übernimmt dann der Computer und der passt auch auf, dass ihnen nichts passiert. Vorausgesetzt, Sie behalten die Anzeigen und Warnungen des Computers stets im Auge. Sollte ihr Computer während des Tauchgangs ausfallen, sollten Sie sofort eine Wassertiefe von 5 Metern aufsuchen und dort mindestens 5 Minuten verbleiben, bevor Sie das Wasser verlassen. Teilen Sie diesen Vorfall unbedingt dem Basenleiter mit, damit er/sie Sie im Auge behalten und bei einem Notfall helfend eingreifen kann. Ein zweiter Tauchcomputer (Redundanz) wäre ebenfalls eine Lösung, wenn Sie vollkommen sichergehen möchten.

Kommen wir nun zu einem weiteren Vorteil von Nitrox, den insbesondere diejenigen zu schätzen wissen, die lange und/oder oft am Tag tauchen gehen. Zu diesen Leuten zählen die sehr ambitionierten Sporttaucher genauso wie Tauchlehrer, Forschungstaucher und Berufstaucher.

Das Stichwort lautet EAD. EAD steht für Equivalent Air Depth oder besser auf Deutsch, Äquivalente Lufttiefe. Wenn wir vor jedem Tauchgang die EAD berechnen, können wir, wenn es denn nötig ist, gemäß der Dekotabelle für Luft (Deko 2000) dekomprimieren. Dann ist allerdings der positive Effekt der Verringerung der Gefahr eines Dekompressionsunfalls verspielt.

Das Schöne an Nitrox ist, dass der Stickstoffgehalt unseres Gasgemisches niedriger ist als in der normalen Atemluft. Somit nehmen wir auch weniger Stickstoff auf und sind im Vorteil in Bezug auf die Nullzeit und auch bei eventuell nötigen Dekompressionsstopps.

Haben wir weniger Stickstoff in unserem Atemgasgemisch erreichen wir den „kritischen" Stickstoffpartialdruck erst später als der Drucklufttaucher.

Wenn wir mit Nitrox tauchen ist die EAD **imme**r geringer als die tatsächliche Tauchtiefe. Somit haben wir auch **immer** eine längere Nullzeit.

Beispiel

Nitrox 32

32 Prozent Sauerstoff und 68 % Stickstoff.

Tatsächliche Tauchtiefe 20 Meter, also 3 bar.

Nun müssen wir das Verhältnis der Stickstoffanteile zueinander bestimmen, da diese die Dekompression maßgeblich beeinflussen.

Dieses Verhältnis nennen wir den Äquivalentfaktor (Equivalent Factor EF).

$$EF = \frac{\text{Stickstoffpartialdruck Nitrox}}{\text{Stickstoffpartialdruck Luft}} = \frac{0,68}{0,79} = 0,86$$

EF ist also 0,86

Diesen Wert multiplizieren wir nun mit dem Druck in der tatsächlichen Tauchtiefe und erhalten den Äquivalenten Druck (EAP).

0,86 x 3 bar = 2,58 bar (EAP)

2,58 bar Umgebungsdruck ergibt eine Wassertiefe von15,8 Metern (EAD).

Nun schauen wir einmal auf die Deko 2000 und sehen dort, in der Spalte mit 18 Metern, eine Nullzeit von 45 Minuten. Hätten wir diesen Tauchgang nun mit Druckluft durchgeführt, müssten wir in der Spalte bis 21 Meter ablesen und hätten dort eine Nullzeit von lediglich 31 Minuten.

Also haben wir durch die Verwendung von Nitrox 32 eine um 14 Minuten verlängerte Nullzeit.

Nun nehmen wir für denselben Tauchgang ein Nitrox 40 Gemisch. EF Berechnung wie vorher.

EF = 0,76

0,76 x 3 bar = 2,28 bar (EAP)

EAD ist also 12,8 Meter

Somit schauen wir in der Tabelle in die Spalte bis 15 Meter und erhalten dort eine Nullzeit von 72 Minuten.

Im Vergleich zu reiner Atemluft haben wir also einen Zeitvorteil von 41 Minuten.

Ob das für Sie in Frage kommt oder nicht, müssen Sie selbst entscheiden. Sie sollten jedoch immer, um es gar nicht erst zu Unfällen kommen zu lassen, einen Nitroxtauglichen Computer mit sich führen. Niemand hält Sie davon ab, ihre Tauchgänge trotzdem vorher durchzurechnen und sich auf ihrer Schreibtafel Notizen zu machen. Die heutigen Tauchcomputer fallen im Großen und Ganzen nicht mehr aus aber sollte es doch einmal passieren, sind Sie gewappnet, wenn Sie sich vorher Gedanken gemacht haben.

Technik und Ausrüstung

Im Nitroxgemisch ist der Sauerstoffanteil, in aller Regel, deutlich höher als in der normalen Atemluft.

Die Norm für Nitrox ist: DIN EN 13949

Sauerstoff ist ein oxidierendes Gas und es fördert die Verbrennung, somit gilt das auch für Nitrox.

Nitroxgemische dürfen ausschließlich von befähigten Personen und unter der Verwendung von speziellen Füllmitteln (Kompressoren und Überströmflaschen oder Membransystemen) hergestellt werden. Mischen Sie sich **niemals** ihre eigenen Gasgemische, wenn Sie nicht vorher dafür ausgebildet worden sind. IDA bietet ihnen dafür den Lehrgang Gasblender an.

Je höher der Sauerstoffteildruck (Partialdruck) im Gemisch, desto heftiger ist die Reaktion bei Verbrennungen oder Explosionen, da Sauerstoff ein stark oxidierendes Gas ist.

In Deutschland ist gesetzlich geregelt, dass ein Gasgemisch, welches mehr als 21 % Sauerstoff beinhaltet, wie reiner Sauerstoff zu behandeln ist. In anderen Ländern ist diese Regel nicht so strikt.

Aus diesen Vorgaben resultiert, dass unsere Tauchausrüstung

Sauerstofftauglich sein muss.

Kompatibel sind Ausrüstungsteile, wenn sie eine generelle Sauerstoffverträglichkeit haben und Sauerstofffrei sind.

Eine normale Tauchausrüstung muss vor dem Gebrauch mit Nitrox speziell gereinigt werden. Diesen Vorgang nennt man im allgemeinen Sprachgebrauch „cleanen", das ist natürlich auch wieder Englisch und bedeutet reinigen / saubermachen. **Diese Reinigung dürfen nur spezielle Fachkräfte durchführen**, da alle Teile der Ausrüstung, die mit dem erhöhten Sauerstoffanteil oder dem reinen Sauerstoff in Berührung kommen, absolut sauber sein müssen. Der Fachmann bringt nach der Reinigung einen Flaschenaufkleber (Nitrox Clean bzw. Oxygen Clean) an, der die Nitroxtauglichkeit des Tauchgeräts bestätigt. Gleiches gilt für den Lungenautomaten und (genau genommen) die Rettungsweste und auch den Trockentauchanzug. Also jedes Teil, welches direkt mit dem Gas in Berührung kommt und eventuell Öl- oder Fettreste aufweisen könnte. Bevor Sie ihre Ausrüstung zum „cleanen" bringen, vergewissern Sie sich, dass der Hersteller ihrer Ausrüstung diese auch für die Nutzung mit Nitrox frei gegeben hat. Das ist nicht immer der Fall. Einige Hersteller von Lungenautomaten bieten entsprechende Nitrox Lungenautomaten bereits ab Werk an und auch die entsprechenden Tauchgeräte können ab Werk gekauft werden. Dann entfällt die erste „Cleaning"-Behandlung.

Nicht Sauerstoffverträglich sind:

Titanlegierungen oder Titan, Zink, Neopren, Schmiermittel (Öl, Fett, Silikon)

Sauerstoffverträglich sind:

Kupfer, Teflon, Viton-O-Ringe, spezielle Schmiermittel (Voltalef, Krytox, Fonblin, Tribolub)

Sauerstoffrein ist unser Material, wenn es besonders im Hochdruckbereich (DTG, Ventil, Lungenautomat) absolut sauber und frei von Verunreinigungen ist. Als Verunreinigung gelten Öle und Fette (Ausnahmeschmiermittel siehe oben), Rostpartikel, Seifenmittel und Reinigungsmittel jeder Art.

DTG, Lungenautomaten und Ventile sollten einmal im Jahr durch einen Fachhändler revidiert werden. Diese Revision sollte vom Fachhändler durch einen Aufkleber (Nitrox Clean bzw. Oxygen Clean) bestätigt werden. Das DTG ist generell mit einem speziellen Aufkleber oder einer speziellen Lackierung als DTG für Nitrox zu kennzeichnen, damit es nicht zufällig an einer normalen Druckluftfüllstation gefüllt wird. Die Lackierung bzw. der Aufkleber müssen groß, am besten umlaufend, und nicht zu übersehen sein.

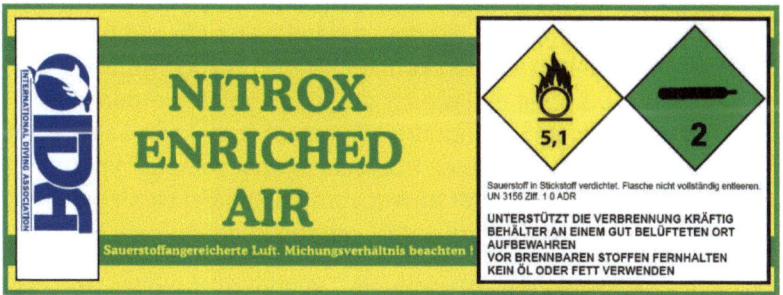

Der Lungenautomatenanschluss (Gewinde), der bei der Verwendung von normaler Atemluft 5/8" beträgt, muss bei der Verwendung von Nitrox M26x2 betragen, damit eine Verwechslung ausgeschlossen werden kann. Es ist also ein spezielles Flaschenventil nötig und der Lungenautomat muss, nach dem Cleanen, ebenfalls ein anderes (grünes) Handrad zum Flaschenanschluss bekommen. Am besten ist es jedoch, wenn Sie sich einfach eine komplett neue Nitrox taugliche Ausrüstung zulegen. Damit sind Sie auf der sicheren Seite.

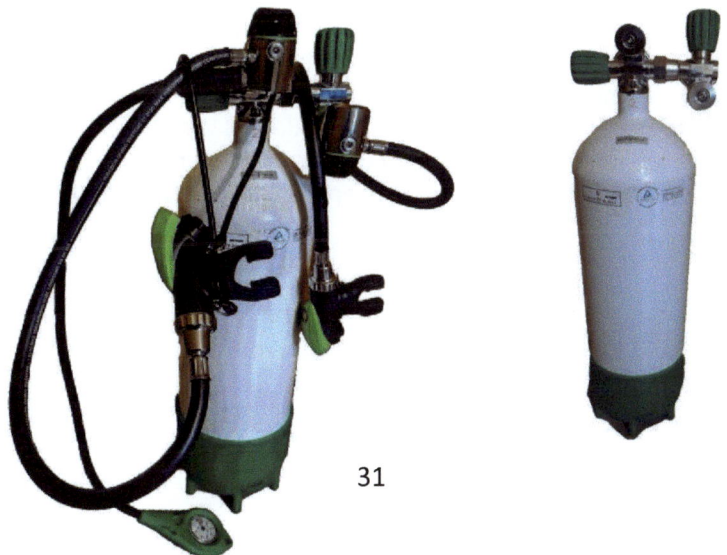

Merke: Eine Füllstation für Nitrox bietet eine ölfreie Füllung an, da es ansonsten zu Explosionen kommen kann. Das heißt, dass auch jedes „nicht Nitrox taugliche Tauchgerät" dort mit normaler Druckluft gefüllt werden kann. Im Gegenzug darf ein Nitroxtauchgerät, welches ausschließlich für die Verwendung von angereicherten Gasen eingesetzt wird, niemals an einer normalen Druckluftfüllstation gefüllt werden, da dort keine absolut ölfreien Füllungen garantiert werden können. Wenn das dort gefüllte Tauchgerät später einmal wieder mit Nitrox gefüllt werden soll und es vorher nicht Sauerstofffrei gemacht wird, kann es zu einer Explosion kommen. Sollte es trotzdem einmal vorgekommen sein, muss das Tauchgerät erneut vom Fachmann clean gemacht werden, bevor es mit Nitrox gefüllt werden kann.

Es gibt zwei Methoden, Nitrox in ein Tauchgerät zu füllen. Bei der sogenannten **Partialdruckmethode** wird zuerst reiner Sauerstoff in das Tauchgerät gefüllt und danach mit normaler Luft aufgefüllt. Danach muss das Gemisch mindestens 12 Stunden ruhen, damit eine optimale Durchmischung gewährleistet ist. Das Arbeiten mit reinem Sauerstoff ist sehr gefährlich, da Sauerstoff ein sehr reaktionsfreudiges Gas ist und schon so mancher Kompressorschuppen, durch den unsachgemäßen Umgang mit reinem Sauerstoff, das Dach verloren hat. Wenn nicht sogar Schlimmeres passiert ist.

Weniger gefährlich und daher auch mittlerweile „state of the art", ist die Verwendung von speziellen Membransystemen, die in der Lage sind, den Stickstoff aus der Atemluft heraus zu filtern. Mit diesen Membransystemen lassen sich heute alle üblichen Nitroxgemische bis zu einem Sauerstoffanteil von 40 % herstellen, ohne die Gefahr des Umgangs mit reinem Sauerstoff. Das Gemisch ist dann sofort verwendbar und muss nicht ruhen.

Membransystem

Nitrox wird durch das Herausfiltern von Stickstoff hergestellt.

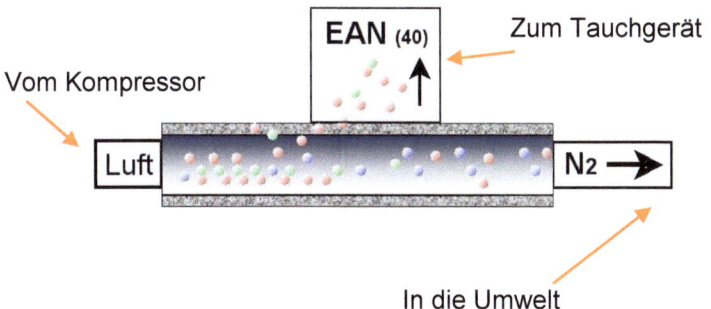

Beispielfoto Nitrox-Füllanlage

Praxis

Vor dem Tauchgang ist folgendes zu beachten:

- Taucht mein Partner mit Nitrox? Welches Gemisch nutzt er und welche Tiefe (MOD) können wir somit maximal aufsuchen?

- Taucht mein Partner mit Luft, muss ich ihn darauf hinweisen, dass ich mit Nitrox tauche und ihm die Konsequenzen nennen, die sich daraus ergeben. (Maximaltiefe, Vorteile bei einer eventuellen Dekompression (EAD), längere Grundzeiten, mögliche Vorteile beim Tiefenrausch. Briefing entsprechend durchführen.

- Gasgemisch muss direkt vor dem Tauchgang analysiert werden und der Sauerstoffanteil muss auf dem Flaschenaufkleber vermerkt werden. Als individueller und preiswerter Flaschenaufkleber, es ist **nicht** der Nitroxaufkleber von einer der vorherigen Seiten gemeint, findet in aller Regel ein Streifen Klebeband (Tape) Verwendung. Auf diesem Aufkleber muss folgendes notiert werden: Sauerstoffanteil in Prozent, maximal zulässige Tauchtiefe mit dieser Mischung, Name des Prüfers und das Datum der Prüfung. Diese Daten müssen, aus rechtlichen Gründen, auch in einem speziellen Fülllogbuch vermerkt werden.

Analyzer vor Nitroxprüfung mit

Druckluft kalibrieren.

(hier 20,9 % O_2)

34

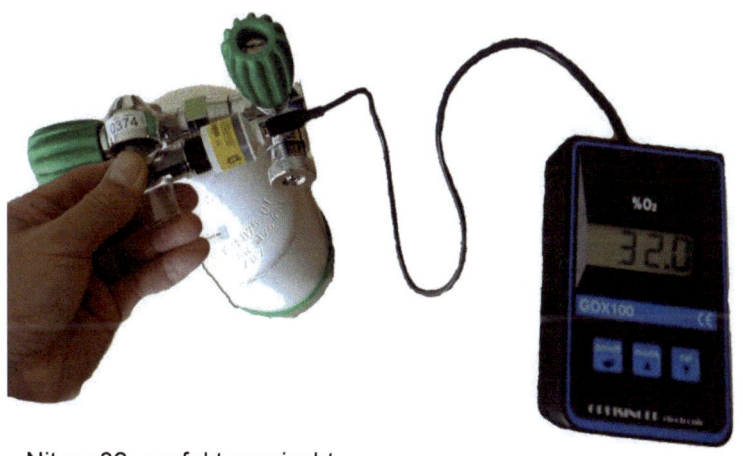

Nitrox 32, perfekt gemischt.

Dann DTG kennzeichnen.

Kann man/frau machen!

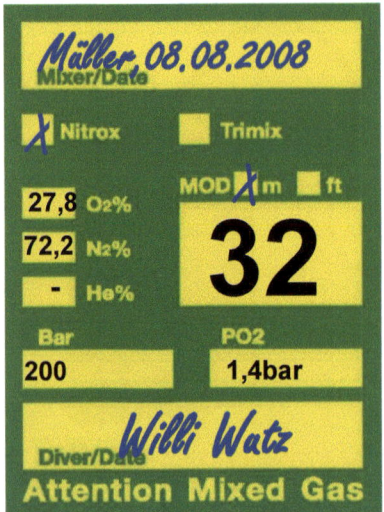

Das ist besser!

- Der Tauchcomputer muss auf das korrekte Gemisch eingestellt werden.

- Der Tauchcomputer muss auf den maximalen Sauerstoffteildruck von 1,4 bar eingestellt werden. Oftmals ist diese Einstellung bereits ab Werk vorhanden.

Während des Tauchgangs ist folgendes zu beachten:

- MOD (max. Tauchtiefe) darf nicht überschritten werden.

- Kontrolle des Partners auf eventuelle Sauerstoff Intoleranz, wenn dieser mit Nitrox taucht.

- Eigenkontrolle auf eventuelle Sauerstoff Intoleranz.

- Sollte ihr Tauchlehrer eine Sicherheits-Dekoflasche auf 5 Meter Wassertiefe deponiert haben, um den Tauchern, denen die Luft ausgeht, einen sicheren Dekostopp zu ermöglichen, achten Sie auf den Inhalt dieser Flasche. Das Atemgas in dieser Flasche sollte immer dieselbe Zusammensetzung haben, wie das Atemgas, welches Sie benutzen. Hat dieses Sicherheits-

36

Tauchgerät einen Inhalt der über mehr Sauerstoff als ihr eigenes Tauchgerät verfügt, ist das relativ unkritisch, da dieses sich nicht auf die folgenden Tauchgänge auswirkt und wenn überhaupt, dann nur positiv, in Bezug auf die Dekompression. Die zusätzliche Sauerstoffeinwirkung (OTU/CNS) ist bei einem Dekostopp von wenigen Minuten vernachlässigbar. Befindet sich jedoch eine Atemgasmischung in diesem Sicherheitstauchgerät welche über einen geringeren Sauerstoffgehalt als ihr eigenes Atemgasgemisch verfügt, ist das nicht unkritisch. Denn ihr Tauchcomputer rechnet ja für diesen Tauchgang und auch für eventuelle Wiederholungstauchgänge mit ihrem vorher eingegebenen Werten, also zum Beispiel mit Nitrox 36. In der Sicherheitsdekoflasche befindet sich aber nun vielleicht Nitrox 21, also Druckluft, dann kann sich das negativ auf ihre Restsättigung im Körper auswirken, da Sie ja nun nicht 64 % Stickstoff (Nitrox 36), sondern 79 % Stickstoff (Druckluft) atmen. Viele Tauchcomputer verfügen über die Möglichkeit, ein zweites Atemgas einzustellen und berücksichtigen dieses Gas dann auch für die Dekompression und die folgenden Tauchgänge. Wenn Sie derartige Tauchgänge, mit Sicherheitsdekoflaschen auf 5 Meter, häufig durchführen, kaufen Sie sich einen derartigen Tauchcomputer und lernen Sie damit auch richtig umzugehen und die korrekten Einstellungen vorzunehmen.

Nach dem Tauchgang ist folgendes zu beachten:

- Den Tauchgang mit allen Angaben im Logbuch eintragen.

- Restdruck des DTG auf dem Kontrollblatt und dem DTG-Aufkleber (z. Bsp. Tape) eintragen.

- Derjenige, der das Tauchgerät erneut füllt, muss einen neuen Aufkleber mit den entsprechenden Daten anbringen. Sauerstoffanteil in Prozent, maximal zulässige Tauchtiefe mit dieser Mischung, Name des Prüfers und das Datum der Prüfung.

Beachten Sie stets die Richtlinien und Gesetze, die in dem Land, in dem Sie tauchen, gelten. Es gibt z. Bsp. Länder, in denen ein frisch angemischtes Nitroxgemisch maximal 30 Tage benutzt werden darf oder aber Länder, in denen die farbliche Kennzeichnung der Tauchgeräte anders ist. Wenn Sie unsicher sind, fragen Sie ihren Tauchbasenleiter oder Tauchlehrer.

Wenn Sie häufig, auch Zuhause, mit Nitrox tauchen, sollten Sie sich ein eigenes Analysegerät anschaffen. So können Sie sicherstellen, dass Sie immer genau das Gemisch in ihrem Tauchgerät haben, welches auch darin sein sollte. Beachten Sie dabei die Vorgaben des Herstellers und bedenken Sie, dass der Sauerstoffsensor auch ab und zu ausgetauscht werden muss (bei modernen Geräten hält der Sensor ca. 2 bis 3 Jahre). Bedenken Sie immer, dass der korrekte Sauerstoffanteil in ihrem Atemgasgemisch sehr wichtig ist, da ihr Leben davon abhängt. Prüfen Sie ihr Gasgemisch lieber einmal mehr als einmal zu wenig und lassen Sie ihr Tauchgerät nach der Überprüfung möglichst nicht mehr aus den Augen.

Führen Sie Buch über ihre Nitroxtauchgänge, damit im Falle eines Unfalles nachvollzogen werden kann, womit Sie getaucht sind und warum der Unfall passiert sein könnte.

IDA Nitroxplaner

Name, Vorname:	
Datum / Zeit:	
Ort:	
Tauchplatz:	
Name, Vorname Tauchpartner:	
Name, Vorname Tauchpartner:	

Planungsdaten		
CNS O_2 % vor dem TG	CNS O_2 %	
Wiederholungsgruppe/ Oberflächenpause	WG	Oflp.:
Gasgemisch (EAN % O_2)	fO_2 :	fN_2 :
O_2 – Anteil gemessen	O_2 % :	Datum:
Gasvorrat barL = P x V (Reserve beachten)		
O_2-Partialdruck (max. 1,4 bar) $pPO_2 = fO_2$ x P		
Max. Tauchtiefe (MOD in m) MOP = pPO_2 / fO_2		

TG - Planung / Auswertung		
	geplant	durchgeführt
Tauchtiefe / Umgebungsdruck		
Äquivalente Tauchtiefe (EAD) EAP = PpN_2 / 0,79 bar		
Grundzeit		
Dekoplan (Deko 2000 _____ ü.N.N.)		
Sicherheitsstop 3 min / 3m		
Tauchzeit gesamt		
Gasverbrauch (barL)		
CNS O_2 % - Total (IDA CNS Tabelle)		
CNS O_2 % - Zunahme		
Unterschrift		

Viele Tauchbasen, die EAN Gasgemische anbieten, führen auch ein sogenanntes Füll-Logbuch, welches spezielle Daten enthält, die das gefüllte Tauchgerät betreffen. Wenn Sie sich dort ein frisch gefülltes Tauchgerät, mit dem ihrer Tauchtiefe entsprechendem Gasgemisch abholen, müssen Sie daher oft den Empfang quittieren. Diese Unterschrift dient in erster Linie der Sicherheit der Person, die ihr Tauchgerät gefüllt hat und in zweiter Linie ihrer eigenen Sicherheit. Da auf dem Kontrollblatt auch die Seriennummer oder eine vom Tauchbetrieb vergebene Inventarnummer des Tauchgeräts eingetragen wird. So soll ein versehentliches Vertauschen der Tauchgeräte verhindert werden. Kontrollieren Sie sowohl diese Nummer als auch den Inhalt des Tauchgeräts (Gasanalyse) bevor Sie das Füllblatt unterschreiben. Auf der folgenden Seite finden Sie einen Füllblatt-Entwurf der IDA.

Hiermit bestätige ich, _____,  Nitrox Fülllogbuch

Vorname, Name

dass ich das Tauchgerät mit der Nummer: _____

Serien- oder Inventarnummer des Tauchgeräts

am _____ einer Atemgasanalyse unterzogen

Datum

habe. Ich habe das Tauchgerät am _____ von

Datum

_____ erhalten

Name der Tauchbasis / des Tauchlehrers

und selbst einen Sauerstoffgehalt von _____ % gemessen.

Das Gasgemisch wurde von _____

Name des Gasmischers

hergestellt und als Nitrox _____ gekennzeichnet.

Sauerstoffanteil

Ich kann mit diesem Atemgasgemisch somit eine maximale

Tauchtiefe von _____ Metern aufsuchen.

Der Fülldruck des Tauchgeräts beträgt _____ bar.

_____   _____

Vorname und Name des Tauchers   Unterschrift des Tauchlehrers

So, das war es fürs Erste. Nun können Sie loslegen und Erfahrung sammeln. Passen Sie auf Sich auf und haben Sie den Mut auch einmal einen Tauchgang abzubrechen bzw. gar nicht erst ins Wasser zu gehen, wenn Sie Sich nicht wohl fühlen. Ein guter Tauchpartner hat dafür Verständnis. Sicherheit geht immer vor.

Danksagung!

Hiermit möchte ich mich bei folgenden Freunden dafür bedanken, dass sie mein Traktat mehrfach Korrektur gelesen haben, damit ich sicher sein kann, Ihnen fachlich keinen Unsinn erzählt zu haben. Meiner Freundin Karen danke ich ganz besonders, dass sie sich meiner intuitiven Zeichensetzung angenommen und sie in geeignete Bahnen gelenkt hat. Das Komma war schon immer mein Freund, oder wahlweise auch mein Feind. ☺

Karen Fink, IDA Taucherin und Modell für die UW-Handzeichen,

Horst Habermehl, Präsident der International Diving Association – IDA -, Tauchlehrerprüfer und Minentaucher der Deutschen Marine. Leider am 13.03.2020 verstorben. Viel zu früh, er bleibt uns unvergessen. ☹

Thomas Freudenberg, Leiter der IDA Tauchlehrer Ausbildungs- und Prüfungskommission (BEE), Oberstabsbootsmann und Tauchausbilder der Deutschen Marine, Tauchermeister und Mitglied der IHK im Bereich der gewerblichen Tauchausbildung von Berufstauchern,

Markus Schneider, IDA Tauchlehrer und Basenleiter,

Thomas Burkhardt, ehemaliger Leiter der IDA Tauchlehrer Ausbildungs- und Prüfungskommission,

Was ist IDA - International Diving Association?

IDA ist ein internationaler Verband, der nach den Richtlinien der CMAS Germany und den Richtlinien des R.S.T.C. (Recreational Scuba Training Council) weltweit Taucher und Tauchlehrer ausbildet. Scuba ist übrigens die Abkürzung für „Self Contained Underwater Breathing Apparatus"!

Gegründet wurde IDA im Jahre 1996 und versucht seitdem, recht erfolgreich, das amerikanische „Easy Diving" mit dem „Europäischen (Deutschen) Willen zur Perfektion" zu vereinbaren. Was, zugegebener Maßen, nicht immer zu 100 % klappt. Trotzdem hat IDA es geschafft weltweit fast 1600 IDA Tauchlehrerinnen und Tauchlehrer, die nach den Richtlinien der IDA Taucher ausbilden und prüfen, zu lizensieren. IDA ist Partner der CMAS Germany und Mitglied des R.S.T.C. Beide Organisationen decken mit Ihren Mitgliedsverbänden etwa 90 % des internationalen Tauchausbildungsmarktes ab und sorgen dafür, dass Sie sicher das Tauchen erlernen und jahrelang Freude daran haben können.

7. Annex

Hier ein Auszug aus der **Empfehlung zur Tauchgruppenzusammenstellung** der IDA:

Es werden nur die erlaubten Paarungen genannt.

Open Water Diver oder Taucher *

und

Advanced Open Water Diver	bis 18 Meter Tiefe
Taucher**	bis 20 Meter Tiefe
Master Scuba Diver	bis 20 Meter Tiefe
ab Taucher *** und höher brevetiert	bis 40 Meter Tiefe

Junior Open Water Diver

und

Dive Guide und/oder höher brevetiert (TL Assistent oder TL) bis 8 Meter Tiefe

Generell gelten, gemäß IDA Empfehlung und dem Alter entsprechend, folgende Maximaltiefen:

8 – 10 Jahre	**5 Meter**
10 – 12 Jahre	**8 Meter**
12 – 14 Jahre	**12 Meter**
14 – 16 Jahre	**18 Meter**
16 – 18 Jahre	**25 Meter**
Ab 18 Jahren	**40 Meter**

Glossar:

50 bar Regel

50 bar Restdruck sind grundsätzlich als
Sicherheitsreserve einzuplanen.

40m

Tiefengrenze für das Sporttauchen.

Nullzeittauchgänge

IDA empfiehlt Nullzeittauchgänge.

Abstiegsgeschwindigkeit

max. 30 m / min.

Sicherheitsstopp

3 Minuten auf 5 Meter bei jedem Tauchgang der tiefer als 5 Meter
durchgeführt worden ist.

Oberflächenpause (OFP)

IDA empfiehlt zwischen zwei Tauchgängen eine OFP von

mindestens 2 Stunden.

Wiederholungstauchgänge

IDA empfiehlt maximal zwei Gerätetauchgänge pro Tag.

Reihenfolge

IDA empfiehlt den tieferen TG zuerst zu tauchen.

Kompressionsphase

Druckzunahme beim Abtauchen.

Isopressionsphase

Gleichbleibender Druck, der Taucher verbleibt in konstanter Tiefe.

Variopressionsphase

Sich ändernder Umgebungsdruck, entspricht dem realen

Tauchprofil.

Dekompressionsphase

Druckabnahme beim Auftauchen.

Nullzeit

Die Zeit, die in einer bestimmten Wassertiefe verblieben werden

kann, ohne Austauchstufen (Dekompressionsstufen) einhalten zu

müssen.

Grundzeit

Die Zeit vom Abtauchen bis zum Beginn des Auftauchens.

Aufstiegszeit

Die Zeit, vom Beginn des Aufstiegs bis zum Erreichen der
Wasseroberfläche.

Auftauchzeit

Die Zeit, inkl. der Dekompressionspausen, die vom Verlassen der
maximalen Tiefe bis zum Erreichen der Wasseroberfläche
verstreicht.

Dekompressionsstopp

Verweildauer auf einer Tiefenstufe, um dem Stickstoff im Körper Zeit zur Druckanpassung zu geben (dekomprimieren)

Oberflächenpause (OFP)

Die Zeit zwischen zwei Tauchgängen

No Fly Time

Die Zeit, die zwischen dem letzten Tauchgang und einem Flug liegen sollte, da in der Flugzeugkabine ein reduzierter Luftdruck herrscht, der im Extremfall zu einer Dekompressionserkrankung führen kann. Diese Zeit sollte, sicherheitshalber, immer mehr als 24 Stunden betragen.

TL

Abkürzung für Tauchlehrer / Tauchlehrerin

Assi

Abkürzung für Tauchlehrerassistenten

Nasse Rekompression

das wieder unter Druck bringen eines verunfallten Tauchers durch erneutes abtauchen

Erklärung zum Gesundheitszustand (vertraulich) © by IDA

Bitte lesen Sie vor dem Unterschreiben des Formulars alle Punkte sorgfältig durch und antworten Sie wahrheitsgemäß. Tauchen ist ein Sport der eine gewisse Fitness und eine gute Gesundheit erfordert. Die korrekte Beantwortung dieser Fragen ist notwendig, damit Ihr(e) Tauchlehrer/Tauchlehrerin erkennen kann, ob Sie tauglich für den Tauchsport sind. Mit Ihrer Unterschrift stellen Sie alle Mitarbeiter(innen) und auch den/die Basen- oder Tauchschulbetreiber(in) frei von jeder Haftung in Bezug auf Ihren Gesundheitszustand. Bitte nehmen Sie zur Kenntnis, dass der Tauchsportverband IDA Ihnen empfiehlt, vor dem ersten Tauchgang einen Arzt aufzusuchen, der Sie auf Ihre Tauchtauglichkeit untersucht. Dieses Formular dient lediglich dazu, Ihnen das Tauchen zu ermöglichen, wenn Sie gesund sind und kein befähigter Arzt erreichbar ist. Sollte sich Ihr Gesundheitszustand während des Tauchlehrgangs oder während der Tauchgänge ändern, sind Sie verpflichtet das der Tauchbasenleitung sofort mitzuteilen. Sie dürfen nur dann tauchen, wenn Sie gesund sind oder z. Bsp. bei Diabetes, gut eingestellt sind. Personen die an einer Herzerkrankung leiden oder stark erkältet sind sollten ebenso wenig tauchen wie Personen die unter dem Einfluss von Medikamenten, Alkohol oder anderen Drogen stehen. Auch Personen mit extremen Über- oder Untergewicht sind nicht für den Tauchsport geeignet, wenn der Arzt nicht anders entscheidet. Da Fehler beim Tauchen bzw. bei der Handhabung der Tauchausrüstung gravierende gesundheitliche Konsequenzen haben können, sind Sie verpflichtet ausschließlich unter der Anleitung und Begleitung eines qualifizierten Tauchlehrers, Tauchlehrer-Assistenten oder Dive Guide zu tauchen. Sollten Sie Erklärungen zu den unten genannten Fragen benötigen kontaktieren Sie bitte Ihren Tauchlehrer, bevor Sie die Frage beantworten.

Bitte beantworten Sie die folgenden Fragen schriftlich mit einem Ja oder einem Nein. Ihr Tauchlehrer entscheidet dann, ob er Sie tauchen lässt. Sollten Sie eine der Fragen mit „Ja" beantworten, sollten Sie vor dem Tauchen einen Arzt aufsuchen.

Medizinischer Fragebogen für Taucher

Für den Teilnehmer:

Die folgenden Fragen sollen klären, ob Sie sich vor dem Tauchen von einem Arzt untersuchen lassen sollten. Sollten Sie eine der Fragen mit einem „Ja" beantworten, heißt das noch nicht, dass Sie nicht tauchen dürfen aber Ihr Tauchlehrer entscheidet dann ob er Sie tauchen lässt oder zur Untersuchung zu einem Arzt schickt. Im Zweifel sollten Sie einen Arzt aufsuchen. Bitte lassen Sie sich Zeit bei der Beantwortung der folgenden Fragen.

Haben oder hatten Sie....

Asthma, Atembeschwerden oder Atemprobleme bei körperlicher Anstrengung..

Heuschnupfen oder Anfälle von Allergien..

Häufige Erkältungen, Probleme mit den Nasennebenhöhlen oder Bronchitis..

Eine Lungenerkrankung (z. Bsp. Pneumothorax)..

Einen Lungenriss...

Erkrankungen oder Operationen im Bereich des Brustkorbs..

Tragen Sie eine Herzschrittmacher............................

Leiden Sie unter psychischen Problemen (Panikängste, Angst vor engen Räumen).......................................

Leiden Sie an neurologischen Problemen...........................

Leiden Sie an einer chronischen Erkrankung..........................

Leiden Sie an Epilepsie oder anderen Anfallsleiden...................

Leiden Sie oftmals an migränehaften Kopfschmerzen...............

Haben Sie schon einmal das Bewusstsein verloren...................

Leiden Sie stark unter Reisekrankheit (Auto oder Boot)..............

Leiden Sie unter heftigem Durchfall oder Austrocknung..............

Hatten Sie schon einmal einen Tauchunfall (z. Bsp.
Dekompressionserkrankung)...

Haben Sie Probleme bei körperlicher Betätigung.....................

Hatten Sie in den letzten 6 Jahren eine Kopfverletzung mit
Bewusstlosigkeit...

Leiden Sie unter wiederkehrenden Rückenbeschwerden.............

Sind Sie (evtl.) schwanger..

Nehmen Sie zur Zeit Medikamente (Ausnahme
Malariaprophylaxe und „Pille")..

Sind Sie Raucher..

Sind Sie in ärztlicher Behandlung.....................................

Leiden unter einem erhöhten Cholesterinspiegel......................

Hatten Sie schon einmal einen Herzinfarkt oder Schlaganfall.......

Hatte eines Ihrer Familienmitglieder schon einmal einen
Herzinfarkt oder Schlaganfall..

Leiden Sie an Diabetes..

Hatten Sie einen chirurgischen Eingriff an der Wirbelsäule oder
im Rückenbereich..

Haben Sie Probleme aufgrund chirurgischer Eingriffe an den
Armen oder Beinen..

Leiden Sie unter Blutdruckstörungen oder nehmen Medikamente
dagegen..

Leiden Sie an einem Blutgerinnsel (Thrombose)......................

Leiden Sie an einer Herzerkrankung (Angina Pectoris o.ä.).........

Hatten Sie schon einmal einen chirurgischen Eingriff am Herzen od. an einem Blutgefäß...

Leiden Sie an Schwindel oder zeitweiligem Gehörverlust............

Wurden Sie schon einmal an den Nebenhöhlen operiert..............

Wurden Sie schon einmal an den Ohren operiert.......................

Haben Sie Probleme mit den Ohren..

Haben Sie einen künstlichen Darmausgang..............................

Nehmen Sie sportliche Aufbaupräparate...................................

Waren Sie schon einmal wegen einer Drogensucht (auch Alkohol) in Behandlung...

Hatten Sie schon einmal einen Weichteilbruch (Leistenbruch, Hernien)...

Haben Sie Probleme mit dem Blut..

Hatten Sie einen chirurgischen Eingriff innerhalb der letzten 6 Wochen..

Haben Sie ein akutes Magengeschwür.....................................

Haben Sie Probleme mit dem Druckausgleich............................

Haben Sie Fieber...

Wenn Sie zur Zeit unter folgenden Zuständen bzw. Erkrankungen leiden sind Sie **nicht** tauchtauglich. Dieses gilt auch, wenn diese Zustände oder Erkrankungen während des Tauchkurses bzw. des Urlaubs auftreten.

Druckausgleichprobleme

Erkältungen, Entzündungen der Nebenhöhlen

Jegliche Art von Atemproblemen (Bronchitis, Heuschnupfen)

Magengeschwüre

Einfluss von Drogen gleich welcher Art (auch Alkohol)

Schwangerschaft

Fieber

Schwindel

Übelkeit, Brechreiz, Seekrankheit

Durchfall, Austrocknung

Migräne oder starke Kopfschmerzen

Chirurgische Eingriffe jeglicher Art, die innerhalb der letzten 6 Wochen vorgenommen wurden

Ich habe die obige Aufzählung heute am……………………………

sorgfältig gelesen, verstanden und zur Kenntnis genommen. Ich bin mir daher sicher, dass ich tauchtauglich bin. Mein Tauchlehrer hat mich darüber aufgeklärt, dass ich, wenn ich einen der oben genannten Punkte mit „Ja" beantworten musste, einen Arzt aufsuchen sollte bzw. einen ärztlichen Rat einholen sollte. Ich erkläre hiermit, den Fragebogen wahrheitsgemäß beantwortet zu haben.

Name, Vorname:……………………………………………………..

Adresse:……………………………………………………………

Geburtsdatum/Geburtsort:………………………………………..

Unterschrift:………………………………………………………..

Unterschrift der/des Erziehungsberechtigten bei

Minderjährigen:……………………………………………………

Fragen und Antworten Nitrox Diver*

1. Welche maximale Schwankung (+/-) ist bei der O2 Analyse zulässig? (1 Punkt)

A   3 %

B   5 %

C   1 %

D   2 %

2. Welche Gemische dürfen Sie als IDA Nitrox * Taucher benutzen?

A EAN 28, EAN 32, EAN 50

B EAN 28 und EAN 34

C EAN 32 und EAN 36

D Gemische zwischen 21% bis 40%

3. Wie hoch ist der maximale Sauerstoff Partialdruck für IDA Nitrox * Taucher?

A 1,6 bar

B 1,4 bar

C 1,2 bar

D 1,0 bar

4. Verwenden Sie die Formel (T im Kreis), um die MOD für EAN 34 zu errechnen.

A 37 m

B 33 m

C 31 m

D 25 m

5. Verwenden Sie die Formel (T im Kreis), um den exakten Sauerstoff- Partialdruck in 21,0 m mit EAN 28 zu bestimmen.

A 0,87 bar

B 0,59 bar

C 1,12 bar

D 0.62 bar

6. Was ist hinsichtlich der Tauchausrüstung in Deutschland zu beachten?

7. Erklären Sie den Paul Bert Effekt und nennen Sie mind. 3 medizinische Symptome!

8. Erklären Sie folgende Begriffe – MOD – EAN 32 – EAD – CNS O2 %!

9. Welche Kenndaten eines Atemgasgemisches müssen auf einem Klebeetikett auf der Tauchflasche notiert sein?

10. Warum ist der Umgang mit Sauerstoff so gefährlich?

11. Nennen Sie mind. 4 Vorteile von Nitrox!

12. Was bedeutet „sauerstoffkompatibel"?

Lösungen Nitrox Diver*

Frage	A	B	C	D
1			■	
2				■
3		■		
4			■	
5	■			

Zu 6

Die Ausrüstung muss für Nitrox tauglich sein, d.h. Sauerstofffrein sein

Zu 7

Der Paul Bert Effekt beschreibt die Vergiftung des Zentralen Nervensystem (CNS) durch den Sauerstoff.

Muskelzittern, Zuckungen und Krämpfe, Augenstörungen, Sehstörungen, Unwohlsein, Übelkeit, Sinnestäuschungen, Verwirrtheit, metallischer Geschmack, Innenohrstörungen, Ohrgeräusche, Hörvermögen.

Zu 8

MOD = Maximum Operating Depth - Maximale Einsatztiefe

EAN 32 = Enriched Air Nitrox 32% - Nitrox 32%

EAD = Equivalent Air Depth - Äquivalente Luft Tiefe

CNS O2 % = Central Nervous System Oxygen % - Zentrales
Nervensystem Sauerstoff %

Zu 9

Gemisch, z.Bsp. EAN 32

Sauerstoffanteil, z. Bsp. 31,8 %

MOD, z. Bsp. 34 m

Datum, z. Bsp. 07.10.2022

Abfüller, z. Bsp. HH

Zu 10

Sauerstoff fördert die Verbrennung.

Zu 11

Weniger Stickstoffaufnahme

Geringere Gefahr vom Tiefenrausch

Geringere Gefahr von DCS, bei Verwendung von Lufttabellen

Weniger Stickstoffblasen (Mikroblasen)

Geringere Müdigkeit nach dem Tauchen

Zu 12

Materialien, die nicht mit Sauerstoff reagieren z.B. Messing, Edelstahl, Viton.

Notizen:

Notizen:

Notizen:

Notizen: